小跳豆 Jumping Bean 幼兒 禮貌 故事系列

吃飯時要有禮

新雅文化事業有限公司

www.sunya.com.hk

小跳豆
幼兒禮貌故事系列

跟着跳跳豆和糖糖豆養成良好禮儀！

在幼兒的成長關鍵期，父母不僅要關注他們的腦力發展，更要讓他們養成有禮好習慣。但是，爸爸媽媽如何在愛護孩子的同時，避免養成「小王子」和「小公主」呢？

《小跳豆幼兒禮貌故事系列》共 6 冊，透過跳跳豆和糖糖豆的日常生活經歷，帶領孩子在不同場合中，包括：**在學校時、吃飯時、客人來了時、乘車時、在公園時和在圖書館時**，學習保持有禮的態度和適當的行為處事方法，讓孩子從小建立良好的品格。除了言教之外，更重要的是，父母要以身作則，為孩子樹立有禮貌的好榜樣。早上見到孩子應先說「早晨」；讓孩子取東西時，要說「請」、「謝謝」；做得不對時，要說「對不起」……這樣久而久之，孩子就會自自然然養成有禮貌的好習慣。

書後設有「親子小遊戲」，加強孩子的禮貌常識，培養他們正確的待人處事態度。「有禮評分區」讓孩子給自己的日常表現評評分，鼓勵他們自我反思，促進個人成長。

新雅・點讀樂園 升級功能

讓親子閱讀更有趣！

　　本系列屬「新雅點讀樂園」產品之一，若配備新雅點讀筆，爸媽和孩子可以使用全書的點讀和錄音功能，聆聽粵語朗讀故事、粵語講故事和普通話朗讀故事，亦能點選圖中的角色，聆聽對白，生動地演繹出每個故事，讓孩子隨着聲音，進入豐富多彩的故事世界，而且更可錄下爸媽和孩子的聲音來說故事，增添親子閱讀的趣味！

　　「新雅點讀樂園」產品包括語文學習類、親子故事和知識類等圖書，種類豐富，旨在透過聲音和互動功能帶動孩子學習，提升他們的學習動機與趣味！

想了解更多新雅的點讀產品，請瀏覽新雅網頁（www.sunya.com.hk）或掃描右邊的QR code進入 新雅・點讀樂園 。

如何使用新雅點讀筆閱讀故事？

1. 下載本故事系列的點讀筆檔案

1. 瀏覽新雅網頁(www.sunya.com.hk) 或掃描右邊的QR code 進入  。

2. 點選 下載點讀筆檔案 ▶ 。

3. 依照下載區的步驟說明，點選及下載《小跳豆幼兒禮貌故事系列》的點讀筆檔案至電腦，並複製至新雅點讀筆的「BOOKS」資料夾內。

2. 啟動點讀功能

開啟點讀筆後，請點選封面右上角的 圖示，然後便可翻開書本，點選書本上的故事文字或圖畫，點讀筆便會播放相應的內容。

3. 選擇語言

如想切換播放語言，請點選內頁右上角的 粵 ☆ 普 圖示，當再次點選內頁時，點讀筆便會使用所選的語言播放點選的內容。

4.播放整個故事

如想播放整個故事，請直接點選以下圖示：

5.製作獨一無二的點讀故事書

爸媽和孩子可以各自點選以下圖示，錄下自己的聲音來說故事！

1️⃣ 先點選圖示上爸媽錄音 或 孩子錄音 的位置，再點 OK，便可錄音。

2️⃣ 完成錄音後，請再次點選 OK，停止錄音。

3️⃣ 最後點選 ▶ 的位置，便可播放錄音了！

4️⃣ 如想再次錄音，請重複以上步驟。注意每次只保留最後一次的錄音。

今天，
媽媽帶糖糖豆到小紅豆家玩，
小紅豆看見糖糖豆，
高高興興地上前歡迎她。

小紅豆的媽媽煮了
好吃的小菜招待
糖糖豆和她的媽媽。

飯桌上放着雞、魚、青菜和湯。

小紅豆説：

「媽媽煮的菜真香。」

糖糖豆説：

「我最喜歡吃雞腿。」

小紅豆知道快吃飯了，
便對糖糖豆說：
「吃飯前，我們先洗手。」

大家都在飯桌前坐好了。

小紅豆說：

「阿姨吃飯，媽媽吃飯，

糖糖豆吃飯。」

糖糖豆也說：

「阿姨吃飯，媽媽吃飯，

小紅豆吃飯。」

小紅豆和糖糖豆都是有禮貌的孩子。

小紅豆吃飯的時候，
先細細咀嚼，才把食物吞下。
糖糖豆卻大口大口地吃，
還發出聲音來。

糖糖豆的媽媽説：
「糖糖豆，你吃得這樣急，
容易消化不良，也不禮貌啊！」
糖糖豆點點頭，説：
「我明白了。」

小紅豆想吃雞腿，
但雞腿卻在雞翅膀下面。
小紅豆知道吃飯時要保持禮貌，
不能隨便把碟中的食物翻來翻去。

小紅豆想：
要先讓別人夾了雞翅膀，
我才可以夾雞腿。

這時候，
糖糖豆想要吃雞腿，
她迫不及待地把碟中的雞翻來翻去。

糖糖豆的媽媽看見了，說：
「糖糖豆，在碟中翻餸菜是很
不禮貌的。」
糖糖豆知道自己不對，便說：
「對不起。」

糖糖豆的媽媽夾了個雞腿給小紅豆，
說：「這隻雞腿給小紅豆。」
小紅豆說：「謝謝阿姨！」
小紅豆的媽媽也夾了個雞腿給糖糖豆，
說：「糖糖豆知錯能改，也是好孩子，
這隻雞腿給糖糖豆吧！」
糖糖豆說：「謝謝阿姨！」

圖中的糖糖豆和小紅豆做得對嗎？做得對的話，請你在 ☐ 內加 ✔。

A.

大口大口地吃飯 ☐

B.

讓別人先夾餸菜 ☐

C.

吃飯前跟飯桌上的人
打招呼 ☐

D.

吃飯時細細咀嚼食物 ☐

答案：B, C, D

有禮評分區

小朋友，你懂得用餐禮儀嗎？做得到的話，請你把♡填上顏色。然後跟爸爸媽媽說一說，你獲得多少個♡。

吃飯前先洗手。

吃飯前跟飯桌上的人打招呼。

吃飯時一口一口慢慢地咀嚼。

喝湯時不發出太大的聲音。

吃飯時不會翻餸菜。

飯後會把椅子放好，並對同桌用餐的人說：「請慢用」。

小跳豆幼兒禮貌故事系列

吃飯時要有禮

原著：簡簡

改編：新雅編輯室

繪圖：郝敏棋

責任編輯：趙慧雅

美術設計：鄭雅玲

出版：新雅文化事業有限公司

香港英皇道499號北角工業大廈18樓

電話：(852) 2138 7998

傳真：(852) 2597 4003

網址：http://www.sunya.com.hk

電郵：marketing@sunya.com.hk

發行：香港聯合書刊物流有限公司

香港荃灣德士古道220-248號荃灣工業中心16樓

電話：(852) 2150 2100

傳真：(852) 2407 3062

電郵：info@suplogistics.com.hk

印刷：中華商務彩色印刷有限公司

香港新界大埔汀麗路36號

版次：二〇二一年五月初版

二〇二二年三月第二次印刷

ISBN: 978-962-08-7695-0